Tadpole Books are published by Jump!, 5357 Penn Avenue South, Minneapolis, MN 55419, www.jumplibrary.com

Editor: Jenna Gleisner   Designer: Molly Ballanger   Translator: Annette Granat

Photo Credits: Svitlana Martynova/Shutterstock, cover; Evdokimov Maxim/Shutterstock, 1; Sikth/Dreamstime, 2mr, 3; LianeM/Shutterstock, 2br, 4–5; Pixel-Shot/Shutterstock, 2tl, 6–7; David W Hughes/Shutterstock, 8; Diana Taliun/Shutterstock, 2tr, 9; mediaphotos/iStock, 2ml, 10–11; fetrinka/Shutterstock, 2bl, 12–13; New Africa/Shutterstock, 14–15; RgStudio/Shutterstock, 16.

Library of Congress Cataloging-in-Publication Data

Names: Zimmerman, Adeline J., author.
Title: La Pascua / por Adeline J. Zimmerman.
Other titles: Easter. Spanish
Description: Minneapolis, MN: Jump!, Inc., (2022) | Series: ¡Festividades!| Includes index. | Audience: Ages 3–6
Identifiers: LCCN 2021007210 (print)
LCCN 2021007211 (ebook)
ISBN 9781636901503 (hardcover)
ISBN 9781636901510 (paperback)
ISBN 9781636901527 (ebook)
Subjects: LCSH: Easter—Juvenile literature.
Classification: LCC GT4935 .Z5618 2021 (print) | LCC GT4935 (ebook) | DDC 394.2667—dc23

LA PASCUA

por Adeline J. Zimmerman

TABLA DE CONTENIDO

PALABRAS A SABER

canasta

chocolate

comida

conejito

lirio

tintes

LA PASCUA

¡Veo un conejito!

huevo

tinte

Veo tintes.

canasta

Veo una canasta.

Veo chocolate.

Veo una comida.

lirio

Veo un lirio.

¡Veo huevos!

¡REPASEMOS!

Una festividad es un día especial.
La Pascua es en la primavera.
¿Cómo celebra esta familia?

ÍNDICE